Yy

Maria Puchol

Abdo
EL ABECEDARIO
Kids

abdopublishing.com

Published by Abdo Kids, a division of ABDO, PO Box 398166, Minneapolis, Minnesota 55439.
Copyright © 2018 by Abdo Consulting Group, Inc. International copyrights reserved in all countries.
No part of this book may be reproduced in any form without written permission from the publisher.

Printed in the United States of America, North Mankato, Minnesota.

102017

012018

THIS BOOK CONTAINS
RECYCLED MATERIALS

Photo Credits: iStock, Shutterstock

Production Contributors: Teddy Borth, Jennie Forsberg, Grace Hansen

Design Contributors: Christina Doffing, Candice Keimig, Dorothy Toth

Publisher's Cataloging in Publication Data

Names: Puchol, Maria, author.

Title: Yy / by Maria Puchol.

Description: Minneapolis, Minnesota : Abdo Kids, 2018. | Series: El abecedario |
      Includes online resource and index.

Identifiers: LCCN 2017941886 | ISBN 9781532103254 (lib.bdg.) | ISBN 9781532103858 (ebook)

Subjects: LCSH: Alphabet--Juvenile literature. | Spanish language materials--Juvenile literature. |
      Language arts--Juvenile literature.

Classification: DDC 461.1--dc23

LC record available at https://lccn.loc.gov/2017941886

Contenido

La Yy

El papá de Lo**y**ola tiene **yeguas** **y** caballos.

La Yy

En ma**y**o empiezan las clases de **y**oga.

La Yy

Yvette **y**a ha comprado juegos **y** jo**y**as ho**y**.

La Yy

Yolanda conoce el bosque tropical de Puerto Rico, el Yunque.

La Yy

Un buen desayuno se completa comiendo **y**ema de huevo.

La Yy

Nayeli está haciendo el payaso la mayoría del tiempo.

15

La Yy

Yago se **desmayó** cuando le pusieron el **y**eso.

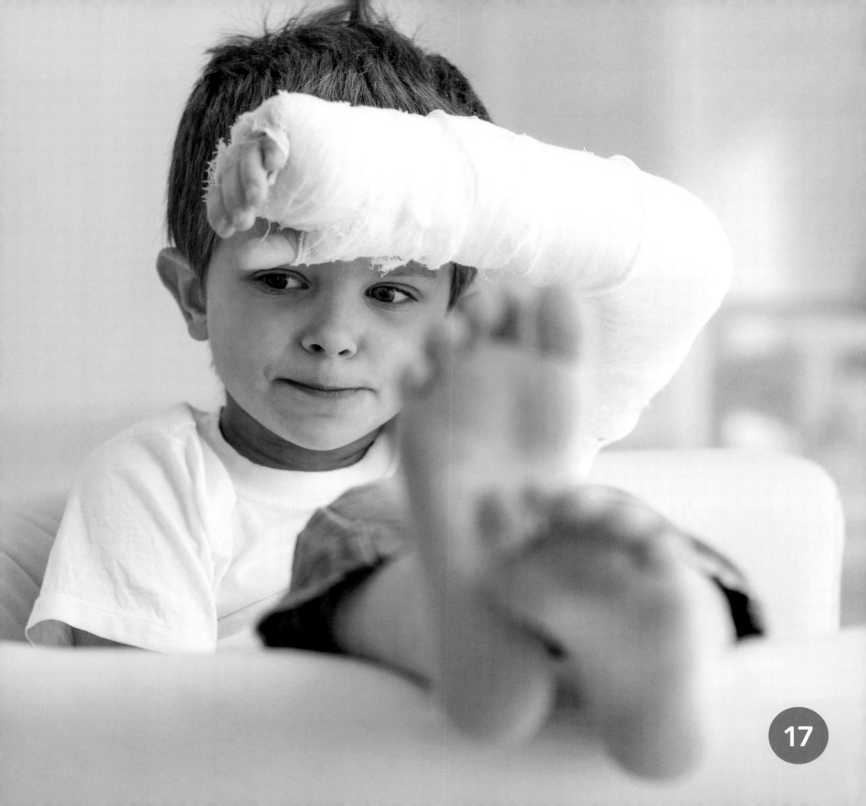

La Yy

Se dice de los leones que son los re**y**es de la selva.

La Yy

¿Qué número es ma**y**or, el 13 o el 33?

(el treinta **y** tres)

21

Más palabras con Yy

yo

rayo

mayonesa

yogur

Glosario

desmayo
perder el sentido, el conocimiento y sentirse sin fuerzas, tanto que te caes y no sabes qué ha pasado.

yegua
hembra del caballo.

Índice

abdokids.com

¡Usa este código para entrar en abdokids.com y tener acceso a juegos, arte, videos y mucho más!

Código Abdo Kids:
EAK2998